Ermutigendes für jeden Tag

Entwurf und Realisation: Pink Creative Ltd

Parragon Books Ltd
Chartist House
15–17 Trim Street
Bath BA1 1HA, UK
www.parragon.com

Realisation der deutschen Ausgabe:
trans texas publishing, Köln
Bearbeitung: Ralf Burau, Mönchengladbach

ISBN 978-1-4723-7303-8
Printed in China

Ermutigendes für jeden Tag

Inspirierende Gedanken und Bilder

Parragon

Bath • New York • Cologne • Melbourne • Delhi
Hong Kong • Shenzhen • Singapore • Amsterdam

Warte nicht
auf das Jüngste Gericht.
Es passiert
jeden Tag.

Albert Camus

Glaube ist ein

lebendiges, wagemutiges

Vertrauen auf

Gottes Gnade, so sicher

und bestimmt, dass ein

Mensch mit ihm sein

Leben tausendfach

aufs Spiel setzen kann.

Martin Luther

Unser größter Ruhm
besteht nicht darin,
niemals zu fallen,
sondern jedes Mal,
wenn wir fallen, wieder
aufzustehen.

Konfuzius

Ein Mensch bereist auf der Suche nach dem, was er benötigt, die ganze Welt - nur um heimzukehren und es zu finden.

George Moore

Auf eine
sanfte Art
kann man
die ganze Welt
erschüttern.

Mahatma Ghandi

Nichts im Leben
muss man fürchten.
Man muss es nur
verstehen.

Marie Curie

Um etwas über den **Weg** zu erfahren, der **vor** dir liegt, frag diejenigen, die **zurück-kommen.**

Chinesisches Sprichwort

Für mich ist
jede Stunde
des Tages und der Nacht
ein unaussprechlich
perfektes Wunder.

Walt Whitman

Spende Licht und

die Menschen werden

den Weg finden.

Ella Baker

Genau wenn wir uns
mühen, den Dingen
einen Sinn zu geben,
betrachtet das Leben
dies in gelassener
Untätigkeit.

Unbekannt

Weine nicht,
dass es vorüber ist.
Lächle, weil es geschah.

Dr. Seuss

Inmitten von **Problemen** liegt die **Möglichkeit.**

Albert Einstein

Warte nicht
darauf, dass das
Schiff für dich
anlegt –
schwimm
zu ihm hinaus.

Unbekannt

Es ist immer

verfrüht

aufzugeben.

Norman Vincent Peale

Was zählt, ist nicht der Gedanke eines Menschen, sondern seine Tiefe.

Ezra Pound

Die meisten Menschen verfolgen das Vergnügen in solch atmenloser Hast, dass sie an ihm vorbeihetzen.

Søren Kierkegaard

Stellt euch an die Wege und haltet
Ausschau, fragt nach den
Pfaden der Vorzeit, fragt,
wo der Weg zum Guten liegt;
geht auf ihm, so werdet ihr Ruhe finden
für eure Seele.

Jeremiah 6:16

SASKATCHEWAN
PIONEER
PIONEER

Angst

macht den Wolf

größer,

als er ist.

Unbekannt

Glaube ist, die erste Stufe zu nehmen, auch wenn man nicht das ganze Treppenhaus überblickt.

Martin Luther King jr.

Dankbarkeit ist die schönste Blüte, die aus der Seele sprießt.

Henry Ward Beecher

Ein Mensch, der sich selbst

nicht vertraut,

kann niemals wirklich

jemandem anderen

vertrauen.

Kardinal de Retz

Entschließe dich,

du selbst zu sein; und wisse,

dass derjenige, der sich

selbst findet, allen

Elends ledig ist.

Matthew Arnold

Hoffnung ist ein

wacher

Traum.

Aristoteles

Es ist nie zu spät,
das zu sein, was
du hättest sein
können.

George Eliot

Verweile nicht in der

Vergangenheit,

träume nicht von der

Zukunft,

konzentriere deine Gedanken

auf den gegenwärtigen

Augenblick.

Buddha

Die Angst klopfte an der Tür.
Der Glaube öffnete.
Und siehe, niemand war da.

Unbekannt

Strebe nicht danach,

den Fußstapfen

der Weisen zu folgen.

Strebe nach dem,

was sie suchten.

Matsuo Bashō

Lebe, als wenn du morgen sterben würdest.
Lerne, als wenn du ewig leben würdest.

Mahatma Gandhi

Wenn du einen **Weg**
ohne Hindernisse findest,
wird er vermutlich zu gar
nichts führen.

Frank A. Clark

Betrachte alle Dinge,
als ob du sie zum ersten oder
zum letzten Mal siehst.

Betty Smith

Der beste Weg, im
Leben **Erfolg** zu
haben, ist, sich an die
Ratschläge
zu halten, die wir
anderen geben.

Unbekannt

Ein einziges Blättchen
Erfahrung ist mehr wert
als ein ganzer Baum voll
guter Ratschläge.

Litauisches Sprichwort

Am Grunde des
Herzens jeden Winters
liegt ein
Frühlingsahnen.

Kahlil Gibran

Der Weg, sich einen guten
Ruf zu erwerben,
ist danach zu streben,
so zu sein, wie du
erscheinen
möchtest.

Sokrates

Ein Problem

ist deine Chance,

das Beste aus dir

herauszuholen.

Duke Ellington

Die
Vergänglichkeit
ist die wahre
Beständigkeit
unserer Natur.

Ernest Hemingway

Tu, was du kannst,
mit allem,
worüber du verfügst,
wo immer
du dich befindest.

Theodore Roosevelt

Zu Leben ist die

seltenste Sache

der Welt.

Die meisten Leute

existieren, das war´s.

Oscar Wilde

Das Wesentliche

der Freude ist

Spontanität.

Germaine Greer

Eine
Schneeflocke
fällt niemals auf den
falschen Platz.

Zen

Vernunft

ist die linke Hand unsrer Seele,

Glaube

ihre rechte.

John Donne

Der Mensch ist ein Wesen

auf der Suche nach

Sinn.

Plato

Das Bewusstsein

um unsere Stärken

lehrt uns

Bescheidenheit.

Paul Cézanne

Mit Glauben allein
kann man sehr wenig tun,
aber ohne ihn gar nichts.

Samuel Butler

Gott wird dir niemals irgendwelche Probleme bereiten, von denen er glaubt, dass du sie nicht lösen kannst.

Og Mandino

Habe ein Herz, das niemals verhärtet,
ein Gemüt, das niemals ermüdet,
eine Art, die niemals verletzt.

Charles Dickens

Abbildungsnachweis

S. 4–5 © Luis Mariano González/Getty; S. 6–7 © Altrendo Images/Getty; S. 8–9 © Julie Rideout/Getty; S. 10–11 © Frank Gaglione/Getty; S. 12–13 © Andy Roberts/Getty; S. 14–15 © John K. Goodman/Getty; S. 16–17 © Ian Horne/Getty; S. 18–19 Gino Maccanti/Getty; S. 20–21 © Nick Dolding/Getty; S. 22–23 © C.Dollan/Getty; S. 24–25 © Fred Froese/Getty; S. 26–27 © Brian Lawrence/Getty; S. 28–29 © Grant Faint/Getty; S. 30–31 © Gallo Images-Hein von Horste/Getty; S. 32–33 © Lawren/Getty;p34–35 © Damian Hock/Getty; S. 36–37 © Radius Images/Getty; S. 38–39 © Gerlinde Hofmann/Getty; S. 40–41 © Ian Cumming/Getty; S. 42–43 © Harald Sund/Getty; S. 44–45 © Kathy Collins/Getty; S. 46–47 © Rémi Carreiro/Getty; S. 48–49 © Frank Gaglione/Getty; S. 50–51 © Juzant/Getty; S. 52–53 © Sabine Lubenow/Getty; S. 54–55 © Gerald Majumdar/Getty; S. 56–57 © Tiina & Geir/Getty; S. 58–59 © Dave Shafer/Getty; S. 60–61 © Chip Forelli/Getty; S. 62–63 © Jean-Paul Nacivet/Getty; S. 64–65 © Edwin H. Beckenbach/Getty; S. 66–67 © David Aaron Troy/Getty; S. 68–69 © Andrew Lockie/Getty; S. 70–71 © Gary Yeowell/Getty; S. 72–73 © Image Source/Getty; S. 74–75 © Irene Lamprakou/Getty; S. 76–77 © Plattform/Getty; S. 78–79 © Joseph Mule/Getty; S. 80–81 © Ulf Boettcher/Getty; S. 82–83 © Maarten Wouters/Getty; S. 84–85 © Jorg Greuel/Getty; S. 86–87 © Nivek Neslo/Getty; S. 88–89 Michael Melford/Getty; S. 90–91 © David Henderson/Getty; S. 92–93 © Michael Duva/Getty; S. 94–95 © Vsevolod Vlasenko/Getty.